BIBLIOTHÈQUE SOCIALISTE

(1er mille)

SERVICES PUBLICS

ET

SOCIALISME

PAR

Jules GUESDE

PRIX : 30 CENTIMES

PARIS
Henry ORIOL & Cie
Éditeurs
11, RUE BERTIN-POIRÉE, 11

BIBLIOTHÈQUE SOCIALISTE

SERVICES PUBLICS

ET

SOCIALISME

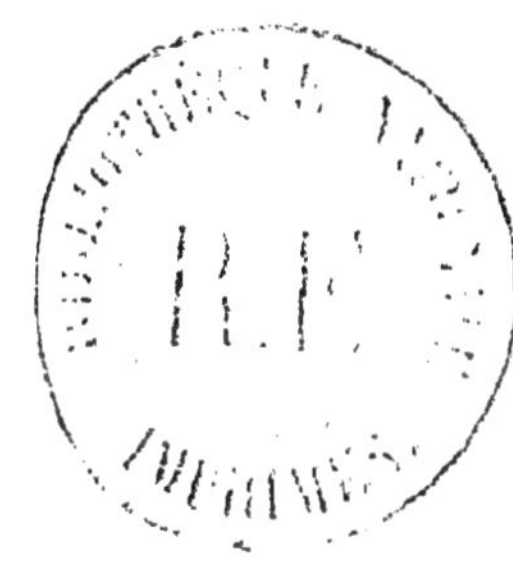

PAR

Jules GUESDE

PARIS
Henry ORIOL & Cie
Éditeurs
11, RUE BERTIN-POIRÉE, 11

SERVICES PUBLICS

ET

SOCIALISME

I

Les collectivistes ou communistes du Parti ouvrier, qui, dès la première *Egalité* de 1877, ont donné pour objectif au prolétariat en travail d'affranchissement *les moyens de production et d'échange à socialiser*, ont toujours entendu par cette socialisation la transformation en services publics des diverses industries privées.

L'Etat producteur et distributeur, ou, plus exactement — car ce qu'on appelle aujourd'hui *Etat* disparaitra avec l'exploitation capitaliste dont il n'est que la sanction légale, administrative, judiciaire, policière et militaire — *la société produisant elle-même et satisfaisant directement à tous les besoins de tous ses membres*, n'a jamais cessé d'être pour nous le dernier terme de la révolution à accomplir, en même temps que la condition de toute émancipation humaine.

C'est ainsi — pour me citer moi-même — que dans le *Citoyen* du 29 octobre 1881, je m'exprimais comme suit, en réponse à un projet de *Caisse du Travail* créditant les associations ouvrières, après avoir expliqué comment une pareille institution « n'avait » aucune chance d'être acceptée » par nos gouvernants bourgeois :

« Quant à attendre la fondation de la Caisse Guérin (du nom de son inventeur... sur le papier) de l'avènement au pouvoir des intéressés, c'est-à-dire du Quatrième-Etat, ce serait un autre genre d'illusion. Une fois brisé les résistances bourgeoises et la place occupée, le prolétariat aura autre chose à faire qu'à s'attarder à *l'Etat intermédiaire financier;* il ira directement à *l'Etat producteur*, c'est-à-dire à la *société propriétaire de tout l'instrument de travail et le mettant elle-même en valeur.*

Le 8 du même mois, dans le même journal, je terminais un article sur la sophistication des denrées alimentaires et les jérémiades des bourgeois plus ou moins empoisonnés, par les lignes suivantes non moins explicites :

Il n'y a pas trois manières de comprendre et de pratiquer le commerce comme il n'y a pas trois manières de comprendre et de pratiquer la production : ou libre, c'est-à-dire privé, matière à spéculation et à intoxication — c'est ce qui existe actuellement ; ou collectif, c'est-à-dire dans la main et sous le contrôle de la société, dont l'intérêt ne se distingue pas de celui des consommateurs avec lesquels elle ne fait qu'un, — c'est ce que nous voulons, ce que veut le Parti ouvrier. Le veut-on comme nous et avec nous ? Alors c'est bien. Unissons nos efforts et *vive le commerce service public*! Sinon, que l'on sache se laisser empoisonner en silence ?

Dans les numéros des 2, 5 et 17 Décembre j'écrivais encore à l'adresse du *Clairon* qui s'était avisé de présenter le collectivisme comme « le partage de la société en un certain nombre de grou-« pes dont chacun monopoliserait une industrie » et qui n'arrivait pas à distinguer entre *cette production corporative* et la *production sociale* :

Ainsi, pour mon contradicteur — puisque contradicteur il y a — entre les chemins de fer possédés par la société et exploités directement par elle et ces chemins de fer exploités par « un groupe producteur qui se partagerait le produit ou l'argent (le mot y est) de ce monopole », il y a identité de solution! Entre la société produisant elle-même le blé, la viande, la houille, le tabac, les textiles dont elle a besoin, et cette société s'en remettant, pour la production de ces différents articles, à des associations ouvrières *monopolisantes* auxquelles elle aurait à les *acheter*, il n'y a que les mots de changés. Le mécanisme ou le fonds est le même. Autant soutenir que les ponts à péage, une fois rachetés à leurs propriétaires individuels, auraient pu indifféremment, — sans modifier le résultat, — être maintenus entre les mains de la nation qui les entretient à ses frais et les livre gratuitement aux pieds des passants, ou être cédés à des syndicats, ouvriers ou non, qui *auraient continué à en tirer des bénéfices* à partager entre leurs membres. Toute la question est là, en effet. Avec l'usage exclusif des mines, des hauts fourneaux, des tissages, etc., assuré à des corporations maîtresses de la « *vente* » de leurs produits, comme avec la propriété exclusive de ces instruments de travail par des particuliers, vous avez la production basée sur le *profit*. Ce n'est pas en vue de la houille, du fer, des tissus, etc., dont il est besoin que travailleront ces corporations, mais en vue des bénéfices à réaliser à l'aide de ces objets portés sur le marché. C'est-à-dire, qu'au lieu de sévir entre les individus comme aujourd'hui, *la lutte pour l'exploitation* aura lieu entre les groupes, — voilà tout. Mais l'exploitation persistera..... Pendant qu'avec la production sociale ou unitaire, producteurs ou consommateurs ne faisant qu'un, l'idée même de « *profit* » ou de « *spéculation* » disparaîtra. On ne spécule pas sur soi-même, on ne poursuit pas des bénéfices qui ne sauraient être réalisés qu'à ses dépens. La satisfaction des besoins de l'humanité, aux moindres frais possibles, devient l'unique mobile de la production qu'elle permet en même temps de déterminer et de régler.

Et j'ajoutais :

Seuls les anarchistes — qui ne sont que des individualistes d'une espèce particulière — ont pu penser à *communaliser* ou à *corporatiser* la propriété et la production, les socialistes, eux, ne voulant pas plus de monopole corporatif ou communal que de monopole individuel.

Si nous avons, en effet, malgré le révolutionarisme de beaucoup d'entre eux, été amené à combattre les anarchistes, c'est, entre autres raisons, parcequ'au Congrès international de Gand (1877) et ailleurs, leurs Malatesta et leurs Brousse, sérinés par Bakounine, opposaient *la propriété et la production communale agricole, la propriété et la production corporative industrielle* au *service public de l'industrie et de l'agriculture* que nous entendons faire sortir de l'appropriation sociale de la terre et de l'outillage manufacturier.

De même que si, malgré « leur rentrée du sol à la propriété » collective », nous avons dû laisser à leur « religion » les vingt-cinq fidèles et demi de Colins, c'est qu'au lieu de conserver entre les mains de la collectivité ou de la société la production agricole à l'état de service public, ils prétendent l'affermer à des groupes ou à des individus produisant pour leur compte et trafiquant de leurs produits.

Mais si les divers services publics du logement, de l'alimentation, du vêtement, etc., satisfaisant aux besoins de notre espèce au *prix de revient* (1) ont toujours été tenus par le Parti ouvrier — comme ils devaient l'être — pour *le but à atteindre* (2) ; s'ils étaient

(1) Car de *gratuité* il ne saurait jamais être question, — contrairement aux boniments de certain pontife — ou puffiste — qui n'est pas arrivé à comprendre que si certains services d'aujourd'hui sont gratuits pour les capitalistes qui sont à peu près seuls à en user, c'est qu'ils sont créés et entretenus aux frais des prolétaires qui, eux, n'en usent pas ou en usent à peine. Mais dans une société où il n'existera pas de classe exclusivement consommatrice, tout ce dont tous se serviront sera nécessairement payé par tous, *par l'excellente raison que tout ce qui sera consommé devra avoir été produit.*

(2) Voir dans « *Rapports et résolutions des Congrès ouvriers* » de J. Dormoy, le très-remarquable travail présenté au congrès de Reims (1881) par le Cercle républicain des ouvriers de Montluçon sur « la production et la consommation dans la société future ».

et restent à nos yeux le véritable et unique programme du prochain 89 prolétarien, on n'avait eu garde de les confondre avec les services dits publics de l'heure présente et de voir dans ceux-ci le *moyen d'arriver* à ceux-là.

Fondée sur l'antagonisme des classes, sur la subordination économique et politique d'une majorité de non propriétaires à une minorité de possédants, la société actuelle ne laisse place à aucun service véritablement public, c'est-à-dire profitable également à tous. Publics par les frais qu'ils entraînent et qui portent sur tous, — le plus souvent en raison inverse des ressources de chacun — ces services sont tout ce qu'il y a de plus privés, ne servant, en réalité, qu'à la classe privilégiée ou capitaliste. Témoin l'instruction dite publique qui coûte annuellement aux contribuables de toutes classes cent et quelques millions, et, sous la forme Lycées, Facultés (de médecine et de droit), Ecoles supérieures (normale, polytechnique, des chartes, etc.,) n'est accessible qu'aux fils de la bourgeoisie. Témoin encore le service militaire qui, sous prétexte de défense nationale ou collective, imposé à toute la nation, sans distinction de non-propriétaires et de propriétaires, n'aboutit qu'à une armée défensive de la propriété de quelques-uns. Témoin enfin et surtout la Dette publique qui fait servir par ceux qui ne possèdent pas — au taux de cent-vingt francs par famille et par an — une *liste civile* de plus d'un milliard à ceux qui possèdent et dont l'argent, converti en rentes, acquiert la valeur reproductive sans qu'il ait pour cela — selon l'observation de Marx — à « subir les risques et les troubles inséparables de son emploi industriel ou même de l'usure privée. »

Seule une société ayant absorbé ou fondu toutes les classes en une seule, également propriétaire et également productrice, peut donner lieu à des services réellement publics. C'est-à-dire que l'instauration de ces derniers est subordonnée à la socialisation des moyens de production et d'échange, subordonnée elle-même à la prise du pouvoir politique par le prolétariat et à l'expropriation de la classe capitaliste, — ce qui est affaire de révolution.

II

C'est contre l'absolue necessité de cette révolution qui brouille leurs cartes électorales que viennent de s'inscrire en faux les dissidents du Parti ouvrier connus sous le nom de *possibilistes*. Que parle-t-on « d'exproprier la bourgeoisie » et de « socialiser le capital » ? « Expropriation » et « collectivisme » sont « les dernières formes, la plus récente de l'utopie communiste » (1)

---

(1) « Il ne s'agit plus — lit-on pages 9 et 10 — de savoir s'il faut exproprier la bourgeoisie et socialiser le capital, mais si par le train même des choses cette transformation s'opère.... et comment, sous la domination même de la classe bourgeoise, la société transforme son mode de propriété dans la commune et dans l'Etat, crée petit à petit la propriété publique et *sous quel nom elle l'institue*... Aussi maintenant dans le Parti ouvrier (possibiliste) parle-t-on beaucoup moins de *collectivisme* que de *services publics ;* on sort des dernières formes, de la plus récente de l'utopie communiste ».

Les noms — ou les mots — ont toujours été la principale préoccupation de M. Paul Brousse. C'est ainsi qu'en 1879, du temps où il anarchisait en Suisse, à propos de la *propagande par le fait,* dont ses frères et amis menaient si grand tapage, sans jamais la mettre en pratique, il écrivait sérieusement : « Nous ne nous figurons pas avoir inventé le *fait* insurrectionnel, pas plus que la *propagande* qui par aventure en résulte ; mais nous croyons utile de faire ressortir leur corrélation *en la formulant dans un mot.* Nous savons que l'insurrection est aussi vieille que le monde et, par conséquent aussi, la propagande qui peut en être le fruit ; mais, *en ceci comme en tout le reste, classer les idées et leur donner un nom nous semble une nécéssité !* »

Brid'oison était du coup dépassé.

qu'il convient de laisser pour compte à Marx et à son école. Le « communisme scientifique », tel qu'il a été révélé à Moïse-Brousse par Jéhovah-Joffrin sur le Sinaï de Montmartre, est tout entier dans les services publics d'aujourd'hui, qu'il ne s'agit que de développer et de compléter, « en rachetant » — comme l'a fait, il y a quelques années, M. de Bismarck — « l'industrie des transports pour l'exploiter officiellement » ; en « *gratuitant* le transport des lettres comme le parcours sur les routes et dans les rues, comme l'éclairage public » (1), etc, etc.

Ces services — d'après un rapport consacré par le dernier congrès régional de l'Union Fédérative du Centre et publié depuis en brochure, — seraient non-seulement l'embryon de la société nouvelle, mais l'unique raison d'être du socialisme scientifique.

Jusqu'alors, c'était dans le divorce intervenu entre les producteurs et les moyens de production et dans la concentration de ces moyens entre des mains oisives de moins en moins nombreuses et de plus en plus incapables, que le socialisme avait trouvé sa base expérimentable.

Le travail collectif ou en commun sorti de la machine et de la vapeur, — la classe propriétaire devenant, par sa transformation en actionnaires et en obligataires, de plus en plus étrangère

---

(1) « Que l'usage de la poste se généralise encore par les progrès des relations et l'universalisation de l'instruction, et le contrôle, coûtant plus cher qu'il ne sert, sera supprimé. Alors le transport des lettres... sera un *service gratuit.* Quand nous aurons tous les services gratuits, ce sera le communisme. » (*page 24*). Est-ce assez joli cette gratuité des lettres sortant de leur multiplication, c'est-à-dire de la multiplication du personnel et du matériel qui en sera la conséquence nécessaire ? Et quand on pense que c'est sur de pareilles gasconnades que M. Brousse a pu asseoir son « autorité » ! C'est çà qui donne une crâne idée de l'état-major possibiliste.

à la production, — la classe non-propriétaire ou salariée fournissant, en même temps que le travail musculaire ou manuel, le travail cérébral ou directeur, — et, par-dessus tout, l'impossbilité pour les employeurs, tant sociétaires qu'individuels, de *maîtriser* un outillage de plus en plus énorme et de plus en plus dispendieux les obligeant à produire quand même, par delà tous les besoins, au risque de l'engorgement du marché et de leur propre ruine, — tous ces faits et bien d'autres encore, qui caractérisent l'ordre capitaliste, avaient été considérés comme autant de phénomènes précurseurs et créateurs à la fois d'un nouvel ordre social, communiste ou collectiviste, peu importe le mot.

Si l'on concluait à l'appropriation collective ou sociale des moyens de production, c'est que la propriété individuelle d'autrefois, fondée sur *l'usage de sa chose* par le propriétaire-travailleur, fait de plus en plus place, sous la forme de Sociétés ou de Compagnies anonymes, à une propriété collective ou en commun dont les travailleurs — c'est-à-dire ceux qui en *usent* — sont seuls exclus.

Si l'on concluait à la direction unitaire des forces productives par la société, composée exclusivement de producteurs, c'est que les crises industrielles et commerciales qui se multiplient établissent surabondamment l'impuissance d'individus ou de groupes concurrents à équilibrer la production et la consommation.

De même que si l'on concluait — comme moyen inévitable — à l'expropriation de la minorité capitaliste, c'est que, constituée elle-même par l'expropriation des travailleurs d'abord, des petits industriels et des petits commerçants ensuite, la féodalité commerciale et industrielle du XIXe siècle est la preuve vivante que *l'expropriation est la loi du progrès économique.*

Et, en concluant de la sorte, on croyait être fidèle à la méthode d'observation, s'appuyer sur l'expérience, faire, en un mot, œuvre, acte de science.

Mais l'on se trompait grossièrement, paraît-il. Cette manière de comprendre l'évolution des sociétés modernes et de faire surgir, comme un couronnement naturel et fatal, la concentration sociale de la concentration capitaliste, est d'ordre « sentimental ».

Après le Sganarelle de Molière qui remettait le cœur à sa vraie place — à droite, un autre Sganarelle, plus le diplôme — et moins l'excuse des coups de bâton — s'est rencontré pour « changer » tout cela » et restituer au collectivisme ou communisme scientifique son véritable et unique fondement.

Et ce fondement — qu'il a suffi à M. Paul Brousse de revenir... du Jura Bernois pour découvrir du premier coup, comme il suffisait à César de venir de Rome et de voir pour vaincre — ce sont, je le répète, les services publics que « crée petit à petit » la classe bourgeoise (1) (postes, télégraphes, tabacs, etc.,) et dont personne avant lui n'avait soupçonné l'importance, sinon l'existence.

Seuls, des « justiciards » ou des « légitimards », comme l'auteur du *Capital*, ont pu invoquer à l'appui de l'appropriation communiste des filatures, tissages, hauts-fourneaux, etc., la production communiste engendrée par la mécanique. Ni un Creuzot, ni un Fives-Lille ne pèsent un carat dans la transformation sociale qui va s'accomplissant. La grande industrie pourrait disparaitre demain avec le grand commerce, la scie à main éliminer la scie mécanique circulaire, le rouet à filer enterrer les broches à va-

---

(1) Textuellement : « Le mouvement communiste se résout en un phénomène scientifiquement observable : *la formation du service public* ». (*page 32*).

peur, et le *Louvre* et le *Bon-Marché* s'effondrer sous l'ancienne petite boutique reconstituée, que la civilisation occidentale n'en serait pas moins mûre pour le communisme.

Si le communisme fait mieux que « devoir être », s'il « vient », c'est avec la lettre qui « pour le même timbre, c'est-à-dire pour le même prix, traverse le boulevard ou la France, au gré de l'expéditeur ». Rétablissez « les zônes postales intérieures, à la suppression desquelles M. Emile de Girardin prit une si grande part », et c'en est fait du communisme!

Le socialisme scientifique sort exclusivement — et tout chaud —du *crapulos* aveclequel l'Etat, fabricant et vendeur, empoisonne — en France — le peuple des fumeurs. Plus de *crapulos* d'Etat, plus de socialisme!

III

Pour accoucher de cette mirifique conclusion, le brillant et fécond génie auquel nous étions déjà redevable de la fin des crises de surproduction demandée à la création d'ateliers municipaux, autrement dit, à une exagération de la production — a été obligé de fabriquer aux services publics — ou aux industries d'Etat la *genèse* suivante :

L'effort humain se meut d'abord à l'intérieur du cercle familial. Puis, il se spécialise, se constitue en métier, un jour vient où la concurrence se déchaîne. La concurrence appelle l'association, mère du monopole et le *monopole, tôt ou tard, amène l'intervention de l'Etat qui le résout en service public.* Si, ensuite le besoin qui avait motivé l'effort, disparaît — c'est le cas maintenant pour le culte (1) — le service public se désagrège, l'entreprise particulière reparaît. (page 11)

(1) Pour parler du culte se « désagrégeant comme service public » et rentrant dans « l'entreprise particulière » lorsque « le besoin » religieux « disparaît », il faut supprimer l'histoire la plus moderne. A quelle époque, en effet, voyons-nous

Et plus loin :

Le service public est le dernier terme du développement de chaque spécialité du labeur humain. *Sa formation résulte de la nature même des choses* et il se constitue sous quelque gouvernement de classe que ce soit. (page 22)

Chez M. Paul Brousse, on le voit, c'est comme chez Nicollet : de plus fort en plus fort !

Ainsi, c'est « la nature même des choses », c'est-à-dire du sel — sur lequel on marchait littéralement dans certaines parties de la France (1) — qui a amené dès le XIVe siècle « la formation du service public » des gabelles. Et si ce service public — mais tout ce qu'il y a de moins gratuit, puisqu'il a coûté jusqu'à 54 millions par an aux contribuables — s'est « désagrégé » en 1789; s'il a « reparu entreprise particulière », c'est que, depuis la Révolution, « le besoin » de sel avait « disparu ».

C'est parce que le tabac, qui à peine importé d'Amérique s'appelait encore *petun*, avait atteint, en 1674, l'avant-dernier terme de son développement « que l'Etat intervenait » sous Colbert, et « affermait le privilège exclusif de sa fabrication et de sa vente ». Si, de 1791 à 1811, de service public, il est redevenu « entre-

---

en France l'Etat s'incorporer directement le culte, en faire un « service public » par l'institution d'un budget, d'un ministère, etc. ? En 1789, après le grand coup de balai des Encyclopédistes, c'est-à-dire lorsque jamais notre pays n'a été moins « croyant ». Quel est, d'autre part, en 1883 le pays des deux mondes le plus religieux, celui où le « besoin » de culte est tellement intense qu'il donne lieu à de nouvelles religions ? Les Etats-Unis d'Amérique. Et loin d'être un service public par delà l'Atlantique, le culte est condamné à rester éternellement « entreprise particulière » par les termes mêmes de la Constitution, qui interdit au Congrès de jamais salarier — ou mettre au compte de l'Etat — aucune religion.

(1) Dans une grande portion de la Basse-Normandie, il suffisait de faire bouillir le sable marin.

prise particulière » , c'est que « le besoin » de fumer et de priser avait « disparu » pendant ces vingt années. Et si, depuis 1811, l'industrie du tabac a été de nouveau « absorbée par l'Etat », c'est que « la concurrence » déchaînée « avait entraîné l'association, mère du monopole, » et que « le monopole a dû être résolu en service public » de la Régie.

De même pour le café, qui a été mis en Régie, « incorporé par l'Etat » sous Louis XIV, parce que les quelques kilogrammes que pouvait en consommer la France d'alors constituaient un développement tel qu'il n'y avait plus place que pour « le service public » , pendant que, s'il est rentré aujourd'hui dans l'industrie privée, c'est que « le besoin » de café a disparu — ainsi qu'il résulte des milliers de quintaux absorbés chaque année par la seule population de Paris.

De même pour les chemins de fer, qui étaient nés « monopole » en Belgique, puisqu'avant leur construction, lorsqu'ils n'existaient que sur le papier, ou dans le fer, la houille et le bois destinés à leur établissement, ils étaient « résolus par l'Etat » belge en « service public ».

Tandis que si, aux Etats-Unis, les voies ferrées sont des « entreprises particulières » au même titre que le poivre et la moutarde, c'est que malgré leur 194.247 kilomètres (11.059 de plus que tous les Etats de l'Europe additionnés) ils ne sont pas encore suffisamment développés, — à moins pourtant que ce ne soit parce que, dans la grande République, « le besoin » de chemins de fer a « disparu ».

Une théorie historique — puisque théorie il y a — qui dans son application aux faits d'hier et d'aujourd'hui aboutit à de pareilles insanités, relève tout au plus du *Tintamarre* (1). Aussi, sans m'y attarder et non sans m'être excusé auprès du lecteur de l'excursion à laquelle je l'ai entraîné à travers l'*ignarisme* possibiliste, me bornerais-je — pour en finir avec les services publics présents et à venir de la bourgeoisie — à exposer en quelques pages :

1° Comment loin d'être « *tout* le mouvement social communiste » ils n'ont *rien* à faire avec le socialisme moderne ;

2° Comment plutôt que d'en poursuivre l'extension il y a lieu — conformément à l'article 11 du programme du Parti ouvrier (exploitation des ateliers de l'Etat remise aux ouvriers qui y travaillent) — d'attaquer ceux qui existent et constituent autant d'obstacles dans la voie de l'organisation et de l'action prolétariennes.

IV

La forme gouvernementale qu'ont pû revêtir par endroit « certaines branches du labeur humain » n'a rien à faire avec le socialisme scientifique parce qu'elle n'est pas liée à la concentration économique qui s'opère fatalement et dont le collectivisme ou le communisme n'est que le dernier terme également fatal.

S'il en était autrement, si la constitution de certaines industries en services publics correspondait à un certain degré de

(1) De Paepe, — dont a essayé de se couvrir le trop modeste inventeur de cette tintamaresque théorie, — est, inutile de le dire, complètement étranger à ces prétentieuses âneries. Dans son très remarquable rapport au Congrès de Bruxelles (1874), les seuls services publics qu'il admette et dont il s'occupe, sont ceux de « l'*avenir* », de « *la société future* », ceux dont « *le prolétariat, au lendemain de son triomphe, aura à assurer l'existence.* »

concentration de ces industries, ce ne serait pas par endroit, c'est partout — dans tous les pays du moins qui marchent du même pas et traversent la même phase industrielle et commerciale — que nous rencontrerions les mêmes industries sous le contrôle et en puissance de l'Etat.

Ce sont, d'autre part, les pays qui ont pris les devants et sont les plus *avancés* qui auraient réalisé le plus grand nombre de ces services.

Or, c'est le contraire qui existe, comme on pourra facilement s'en assurer en prenant au hasard parmi les industries qui ont donné lieu à l'intervention ou à l'absorption gouvernementale, et en les suivant dans les pays de même civilisation où on les trouve indifféremment et contradictoirement à l'état privé et à l'état public.

Le sel, par exemple, — que nous avons vu plus haut varier de régime en France selon les époques, tantot monopolisé par l'Etat et tantôt livré à la libre concurrence — est, à l'heure où j'écris, en Régie, — c'est-à-dire service public — en Italie. En France et ailleurs, il rentre dans l'entreprise particulière.

Le tabac — que nous avons également surpris tout-à-l'heure en France, alternant, selon les moments, entre le laissez-faire, laissez-passer et le monopole d'Etat — est en Régie en Italie et exploité en France directement par l'Etat. Partout ailleurs, tant comme culture que comme fabrication et vente, il est laissé à l'industrie des citoyens.

Les mines ne présentent pas un cas plus uniforme. Matière à « intervention de l'Etat » sous Henri IV dont une ordonnance stipulait la participation obligatoire des ouvriers aux bénéfices de l'exploitation, elles ne sont plus en France — malgré leur développement — rattachées à l'Etat que par l'acte de concession et par un droit dérisoire de un centime et demi par tonne, alors qu'en Italie, en Angleterre et en Amérique, elles ne sont pas sorties du domaine de la spéculation privée.

Même situation, *simultanément diverse*, pour les voies ferrées qui, annexées de tout temps à l'Etat en Belgique, et en Allemagne depuis 1878, sont en France et en Italie *industrie mixte* et forment aux Etats-Unis et en Angleterre la plus particulière des entreprises.

Loin, d'autre part, que ce soit les pays les plus développés économiquement qui comptent le plus de services publics, ce sont eux qui en offrent le moins d'exemple ; sans compter que dans tels et tels pays où ces services ont pu fonctionner un moment, ils ont disparu avec le progrès mécanique.

L'Angleterre ignore les services publics des chemins de fer, du tabac, etc., Ce n'est pas seulement les services publics du tabac et des chemins de fer, ce sont les services publics des télégraphes, des poudres et armes de guerre, qu'ignorent les Etats-Unis d'Amérique, alors que toutes ces industries n'existent, en Russie, qu'entre les mains de l'Etat, sous le contrôle de l'Etat, ou affermées par l'Etat. Il n'est pas jusqu'aux alcools qui, dans ce dernier et le plus arriéré des pays européens, ne fassent, sous le nom de « ferme des eaux-de-vie », l'objet d'un service public.

L'imprimerie, d'un autre côté, qui était privilège — ou « monopole » — du Roi dans la France de l'ancien régime ; qui est restée privilège ou « monopole » de l'Etat pendant la première moitié de ce siècle, est rentrée dans l'industrie privée depuis 1868, c'est-à-dire alors que se centralisait et se machinisait cette « branche de travail humain » plus développée que jamais.

Au lieu du pain de l'esprit, j'aurais pu aussi bien prendre pour exemple le pain du corps ou l'alimentation, qui constituait le plus public des services dans l'ancien Mexique, alors que, dans le

Mexique et dans le Pérou modernes, entrés avec la vapeur dans une civilisation supérieure, le soin de sa propre nourriture est abandonné à l'industrie et à la liberté de chacun.

Le transport des malles entre l'Angleterre et les Etats-Unis est encore cette année (1883) en service public, l'Etat britannique ayant traité jusqu'au 31 août 1884 avec une compagnie soumissionnaire régie par un cahier des charges, etc... Or, qu'apprenons-nous? que les contrats ne seront pas renouvelés, le *post-master* général se bornant à choisir chaque mois, pour effectuer les transports, les meilleurs navires dont le départ sera annoncé de Liverpool à destination de New-York (via Queenstown) pour les jours indiqués, et les armateurs de ces navires étant rémunérés pour chaque voyage d'après le poids de la correspondance à transporter. Ce qui équivaut à un retour pur et simple à l'industrie privée.

Les services dits publics ne relèvent pas, du moins directement, de l'ordre économique (production et distribution des richesses); ils se meuvent dans un domaine spécial, le *domaine gouvernemental*. Ce sont les divers besoins (militaires, fiscaux, policiers, etc...) des divers gouvernements qui ont présidé — et qui président encore — à leur constitution, à leur développement ou à leur disparition. De là — de la variabilité de la forme gouvernementale et du personnel gouvernant dans le temps et dans l'espace — le caractère local, momentané et *accidentel* de ces services.

C'est la guerre de cent ans qui, en 1340, entraîne l'établissement dans tout le royaume de France du monopole du sel au profit de l'Etat — c'est-à-dire de Philippe IV — comme c'est l'issue malheureuse de la guerre franco-prussienne de 1870-71, qui, en 1872, dans notre pays, arrache à l'industrie privée la fabrication des allumettes et l'institue en Régie. Que la femme Bonaparte n'ait pas voulu « avoir sa guerre à elle » ou que cette guerre, au lieu de doubler Waterloo, eût répété Iéna, et « flambé » le service public des allumettes !

Si le café, si le tabac sont monopolisés par l'Etat, c'est pour une raison également fiscale. En 1819, lorsque ce dernier service public est définitivement consacré, c'est « parce que malgré les améliorations que nous pouvons espérer dans notre situation financière, il n'arrivera pas de longtemps une époque où on pourra diminuer de 60 millions les charges de l'Etat (1) ! » Et de fait, depuis 1819, ce service — qui doit faire pâmer d'aise les broussistes — a rapporté, c'est-à-dire volé aux consommateurs la jolie somme de sept milliards.

Les meneurs du possibilisme — l'ignorance des *menés* le leur permet — peuvent raconter sans rire que c'est l'état de monopole auquel le Culte était arrivé qui, en 1789, a déterminé l'intervention gouvernementale et la création d'un budget du clergé. Mais tous ceux qui ont étudié un tantinet l'histoire de la révolution bourgeoise du siècle dernier, savent que le service public des cultes a une origine financière. C'est pour exorciser le spectre de la banqueroute en battant monnaie avec les biens ecclésiastiques que l'Etat s'est annexé l'Eglise, toutes les Eglises. Et si en 1802 ce service — bel et bien supprimé pendant plusieurs années — a été reconstitué et complété, c'est pour des motifs dynastiques. Le premier Empire avait besoin pour se fonder de « belles capucinades ». De même qu'aujourd'hui si la République bourgeoise — malgré toutes les promesses électorales des républicains bourgeois — conserve et accroît de plusieurs centaines

---

(1) Jacques Besson : *Histoire financière de la France*, tome II, page 339.

de mille francs par année ce service public des religions, c'est dans un intérêt de classe, parce que Dieu et vie future sont encore la meilleure sauvegarde de la propriété et des propriétaires.

A l'origine de l'Université nous trouvons le même intérêt dynastique, et le même intérêt de classe à l'origine de l'Instruction publique. C'est pour marquer les esprits à son chiffre impérial, pour *napoléoniser* la jeunesse, que le premier Bonaparte organise l'enseignement d'Etat. De même que c'est pour en finir avec l'ennemi d'avant 89 — que perpétuent et recrutent les écoles congréganistes, — que la bourgeoisie républicaine confisque définitivement en 1881 la liberté de l'enseignement, et, d'industrie privée qu'elle était jusqu'alors, fait de l'instruction publique le monopole de l'Etat.

Je pourrais encore citer les poudres et armes de guerre dont le service public est fils de la méfiance — cette mère de la sûreté gouvernementale — nos gouvernants ayant craint, et non sans cause, l'usage que de ces engins librement fabriqués pourraient faire contre eux les gouvernés.

Mais, interrompant — faute d'espace — la revue des services publics qui appartiennent à l'histoire ancienne et comme tels, sont sujets à controverse, il me suffira, pour mettre hors de page le côté extra-économique et presque artificiel des industries d'Etat et les réduire à ce qu'elles sont le plus souvent : *de simples expédients*; il me suffira, dis-je, d'appeler l'attention sur les services nouveaux, d'hier et de demain, que chacun a pu ou peut voir se lever sur l'horizon.

L'Allemagne s'est enrichie, il n'y a que quelques années, d'un service public : les chemins de fer, qui ont été « incorporés » à l'Etat impérial des Hohenzollern. Pourquoi ? A seule fin — les discours de M. de Bismarck et de M. de Moltke ne permettent pas le moindre doute — de porter à son maximum de puissance cette machine à tuerie et à pillage qu'est, de l'autre côté des Vosges comme partout, l'armée de l'obéissance passive.—*Expédient stratégique ou militaire!*

La France est menacée depuis quelque temps d'un nouveau service public : les téléphones, que M. Cochery projette d'annexer à son ministère. Pourquoi ? Parce que la téléphonie privée commence à faire une concurrence sérieuse à la télégraphie d'Etat, dont elle réduit et réduira de plus en plus les recettes. Parce que d'autre part, elle échappe à cet œil de la rue de Jérusalem que l'Etat bourgeois, maître des télégraphes et des postes, met à volonté dans nos lettres et nos dépêches.—*Expédient policier et financier à la fois*!

Les câbles sous-marins français qui, additionnés, ne représentent pas le quart des câbles possédés par une seule compagnie privée américaine, *l'Anglo-Américan-Telegraph* (11.262 milles : plus du sixième de tous les cables sous-marins existant en 1883 dans le monde entier) ont été posés et sont exploités par l'Etat. Pourquoi ? Parce que, pressés de relier à la métropole des colonies qui ne doivent pas être laissées à elles mêmes, nos gouvernants ne pouvaient faire crédit de temps à l'industrie privée.—*Expédient colonial!*

Le gouvernement anglais a songé un moment à mettre la main sur le canal de Suez et à l'administrer directement ? Pourquoi? Parce que cette monopolisation du canal — avec le service public international qui en eût découlé — lui paraissait indispensable au maintien de son Empire des Indes.—*Expédient colonial encore!*

Quelle différence avec les monopoles privés — ou de fait — auxquels donne de plus en plus lieu le laissez-faire, laissez-passer industriel et commercial! Ceux-ci n'ont à leur origine rien d'aléatoire ou d'arbitraire. Ils sont l'aboutissant normal et inévitable de l'évolution économique moderne.

Ce sont les conditions mêmes de la production et de l'échange telles que les ont faites les découvertes et les applications de la science (machines, vapeur, etc...) qui les engendrent fatalement.

C'est fatalement que l'industrie métallurgique se concentre dans un Creuzot ou un Fives-Lille en France, dans un Eston en Angleterre (5.000 tonnes par semaine) ; comme c'est fatalement que le commerce se concentre dans un Bon-Marché ou dans un Louvre, parce que ces grands moyens de production et d'échange écrasent petites forges et petites boutiques sous leur triple supériorité : de produits *plus abondants, meilleurs et à plus bas prix.*

Qu'on essaie donc d'empêcher la centralisation agricole américaine de ruiner notre petite agriculture paysanne avec ses masses de blés portés sur les marchés de l'Occident, à 17, à 15 et jusqu'à 13 francs l'hectolitre!

Nous nous trouvons là en présence d'une loi universelle, opérant de même partout, dans tous les domaines: la loi du *maximum* de richesses obtenu contre un *minimun* d'efforts; loi que non-seulement rien ne saurait conjurer mais qu'il est de l'intérêt de l'humanité de laisser s'accomplir sans obstacle, parce qu'elle sera, si elle ne l'est pas encore, mère de bien-être et de loisirs pour notre espèce, — la misère et la servitude des producteurs qu'elle traîne aujoud'hui à sa suite ne tenant qu'à la forme individuelle ou capitaliste de la propriété.

Aujourd'hui, cette concentration de l'outillage industriel, commercial et agricole s'opère aux dépens des petits propriétaires, des petits commerçants et des petits fabricants qu'elle rejette sans compensation dans l'enfer du prolétariat ; et comme l'accroissement de richesses qu'elle provoque passe par dessus la tête des prolétaires et va s'accumulant entre les mains d'une classe de moins en moins nombreuse et de plus en plus incapable de les consommer elle-même, elle donne naissance à tous ces fléaux inconnus des temps passés : chômages, crises de surproduction, faillites, etc...

Mais qu'ils cessent d'être, — ce qui est possible dès demain — possédés exclusivement par quelques-uns, qui font travailler sans travailler eux-mêmes, pour devenir la propriété indivise d'une société composée exclusivement de travailleurs, et immédiatement ces instruments de production et de distribution concentrés et monopolisés ne produiront plus et ne distribueront plus que des avantages.

Aussi est-ce *sur eux* et *sur eux-seuls que s'édifie le socialisme arrivé à l'Etat de science.* Ils sont, si je puis m'exprimer ainsi, les pieds et les jambes sur *lesquels il marche et s'avance irrésistible.*

V

Etrangers, par leur formation, au « mouvement communiste » qui est né, s'opère et grandit en dehors d'eux, les services publics seraient-ils au moins d'*heureux accidents ?* Auraient-ils pour effet — là où ils existent — de faciliter l'aboutissement de ce mouvement entre les mains et au profit de la classe productive ou prolétariat ?

On l'a prétendu, mais sans fournir à l'appui aucun argument qui tienne debout.

On a dit : étant donné — ce qui n'est plus contesté par personne — que seul leur avènement au pouvoir permettra aux prolétaires de socialiser les moyens de production et d'échange, plus l'Etat bourgeois aura déjà réalisé de propriété publique avec ses différents services lorsqu'ils s'en empareront et plus leur tâche se trouvera simplifiée.

Mais rien de moins exact.

D'abord, il n'est pas vrai qu'une propriété publique résulte des industries privées annexées par l'Etat bourgeois. Des charges publiques? oui, puisque c'est aux risques des contribuables que les chemins de fer des Charentes et de la Vendée, par exemple, sont repris et administrés par l'Etat qui comble leur déficit avec l'impôt. De même pour les postes et les télégraphes, dont l'excédent des dépenses sur les recettes, s'il arrivait à se produire, serait supporté par le Trésor, c'est-à-dire par nous. Mais en rentrant à l'Etat actuel, les industries ne perdent pas leur caractère de propriété capitaliste, c'est-à-dire de propriété dont la classe ouvrière est exclue. De propriété de tel ou de tel capitaliste, c'est-à-dire de propriété bénéficiant exclusivement à X ou à Y, elles deviennent propriété de la classe capitaliste toute entière, sans distinction de X, d'Y ou de Z. Mais voilà tout. Quant à la collectivité prolétarienne, quant à la société des salariés, elle ne jouit pas davantage de l'outillage *étatisé* que de l'outillage individualisé.

Ce qui, d'autre part, permettra au prolétariat, maître du pouvoir, de mettre l'outillage industriel et commercial à la disposition de la nation ouvrière, c'est que, si je puis m'exprimer ainsi, la chose est déjà faite. Et par qui ? Par les propriétaires nominaux de cet outillage. Ce sont ces derniers qui, en abandonnant l'usage ou la mise en valeur des mines, chemins de fer, hauts-fourneaux, tissages, etc., à des non-propriétaires et en ne s'en réservant que les titres — actions et obligations — ont en réalité accompli eux-mêmes leur dépossession, qu'il ne s'agit plus que de consacrer ou de *légaliser*, en annulant obligations et actions. Cette annulation décrétée — et il suffira pour celà, lorsque le Parti ouvrier aura mis la main sur l'Etat, de deux lignes de bonne encre sur le premier morceau de papier venu — voici effectuée la restitution, à la société, de l'Orléans, du Nord, de l'Est, du Creuzot, d'Anzin, etc...

C'est-à-dire que la nationalisation des voies ferrées, tissages, raffineries, mines, etc., coûtera moins de temps et moins de peine que l'occupation par quatre hommes et un caporal de l'hôtel des postes et des télégraphes pour le compte du nouveau gouvernement ouvrier.

L'autre argument, — car il n'y en a que deux — invoqué comme « circonstance atténuante » en faveur des services publics et de leur extension, c'est qu'ils entraîneraient la transformation de l'*ouvrier* proprement dit en *employé* et créeraient le *fonctionnariat* que l'on veut considérer comme un pont nécessaire ou comme une forme transitoire entre le salariat, qu'il s'agit de détruire, et l'état encore innommé auquel donnera lieu pour les producteurs, la possession en commun ou l'appropriation sociale des moyens de production.

Impossible d'entasser plus d'âneries en moins de mots.

1° Il est faux que la transformation des industries privées en industries d'Etat transforme l'ouvrier en fonctionnaire. Ni les ouvriers des fabriques d'armes — reprises par l'Etat, — ni les ouvriers et ouvrières des manufactures de tabac — monopolisées par l'Etat, — ne sont des fonctionnaires. *Ils* et *elles* sont restés ce qu'*ils* et *elles* étaient : des *salariés*, au même titre, dans les mêmes conditions et avec les mêmes risques que les ouvriers des ateliers les plus libres. Le patron seul est changé ; au lieu du patronat individuel de Mr n'importe-qui ou du patronat collectif de la Compagnie n'importe-laquelle, *ils* et *elles* ont à subir le patronat collectif du gouvernement.

2° *Le fonctionnariat* — qui ne se rencontre pas dans tous les services publics—n'est pas un phénomène particulier à ces services. Nous le voyons — pour peu qu'il nous plaise d'ouvrir les yeux — se constituer et se développer aussi rapidement, sinon plus, dans les industries privées que dans les industries d'Etat. Cette tendance *bureaucratique* de la société moderne est reconnue et proclamée par les économistes les plus officiels comme M. Paul Leroy Beaulieu. Compagnies d'assurances, Chemins de fer, Banques etc.., ont une organisation administrative qui ne le cède en rien à celle de l'Etat; chefs de division, chefs de cabinet, chefs et sous-chefs de bureaux, et jusqu'à l'aspirant-fonctionnaire, plus connu sous le nom de surnuméraire, se retrouvent dans toutes les branches de l'activité humaine, au fur et à mesure de leur centralisation, avec le travail permanent, les appointements fixes, les pensions de retraite et autres avantages qui font venir l'eau à la bouche de nos socialistes d'Etat.

3° *Le fonctionnariat* que l'on ose présenter comme un idéal — au moins momentané — n'est, pas moins que le salariat, basé sur la division de la société en classes et sur la subordination de la classe non-possédante à la classe possédante. Il reproduit — en les aggravant — toutes les monstruosités du salariat. A la classe capitaliste les fonctions élevées — véritables sinécures — et les gros traitements. A la classe prolétarienne les bas emplois, avec tout le travail à faire contre le morceau de pain souvent insuffisant et l'applatissement obligatoire de *l'inférieur* devant son *supérieur*.

Et qu'on n'intervienne pas avec l'objection des simples commis — ou des simples soldats — qui ont pu trouver, ceux-ci dans leur sac leur bâton de maréchal et ceux-là, dans leur pupitre, un portefeuille de ministre; ou nous répondrions par les quelques ouvriers devenus patrons et millionnaires. Ce qui ne signifierait rien, les parvenus du salariat ne prouvant pas plus en faveur du salariat, que les parvenus du fonctionnariat en faveur du fonctionnariat.

La hiérarchie des emplois et des employés, des fonctions et des fonctionnaires, est si peu une étape, un progrès sur les rapports entre salariés et salariants que nous la rencontrons à l'état de règle ou de loi générale, où? En Russie, dans le plus arriéré des Etats européens. Et pas dans la Russie d'aujourd'hui qui se défonctionnarise et se *déhiérarchise* de plus en plus, mais dans la Russie de Nicolas, d'Alexandre 1er et de Paul II.

Non, même s'ils correspondaient à ce *fonctionnairisme universel* qui est le dernier mot du possibilisme, les services publics ne seraient d'aucun secours pour la transformation sociale à accomplir, nos millions de salariés de 1883 n'ayant nul besoin de passer par le *purgatoire* du *fonctionnariat* pour arriver au *paradis* de la production et de la propriété communistes.

VI

Inutiles dans leurs conséquences, comme nous les avons trouvés étrangers dans leur source ou origine, au *devenir* collectiviste ou communiste, les services publics ne présentent, pour le Parti ouvrier et son objectif, que des dangers. Ils sont, dans une certaine mesure, l'ennemi, parce qu'ils fortifient l'ennemi : la bourgeoisie ou la classe capitaliste; et qu'ils affaiblissent la classe ouvrière dont ils paralysent les mouvements.

Quoi de moins libre que l'ouvrier de l'Etat! Contre l'Etat, pas de lutte, je ne dis pas possible à faire triompher, mais possible à engager. La grève n'est sans doute que la petite guerre. Ce n'est pas elle qui peut conduire à l'affranchissement, parce que ne touchant pas au principe du salariat elle ne peut — même victorieuse — qu'améliorer la condition des salariés, disons le mot : rendre les chaînes moins lourdes. Mais la grève est un excellent champ de manœuvre : en même temps que la solidarité ouvrière, elle crée l'organisation ouvrière. Elle est une véritable école de guerre. Et de cette école est exclue toute la partie du prolétariat que l'Etat immobilise dans ses ateliers. L'Etat-patron, c'est l'ouvrier doublement esclave, puisque tenu par le ventre, il est également tenu par le collet. L'atelier fermé se double de la prison ouverte, — sans compter que couvert du côté de la faillite l'Etat, en cas de revendications ouvrières persistantes, n'a aucune raison économique de céder.

A cette *neutralisation* d'une fraction de l'armée ouvrière, les services publics ajoutent un accroissement direct des forces bourgeoises. Plus l'Etat bourgeois englobe d'industries, plus il rattache, il intéresse d'individus à sa conservation, ne serait ce que ceux, qui, favorisés d'une paie plus forte ou d'un grade plus élevé, doivent redouter tout changement comme un saut dans l'inconnu. Les services publics n'agissent pas, sur ce point, autrement que la *démocratisation* de la rente. Lorsque l'Empire mit les emprunts publics au niveau des plus petites épargnes, il chercha, en associant les quatre sous du pauvre aux millions de sa liste civile, à se créer une espèce de boulevard, de rempart, que les industries d'Etat — et pour les mêmes raisons — représentent contre les tentatives révolutionnaires.

Mais ce n'est pas tout. Toute industrie centralisée par l'Etat est une industrie soustraite aux désastres dont est semé le champ de bataille de l'industrie privée. C'en est fait de ces crises qui, en se multipliant, en se généralisant, créent et créeront de plus en plus une situation révolutionnaire. Autant de services publics qui se constituent, autant de risques supprimés pour la classe capitaliste, et autant de chances enlevées à la classe prolétarienne, dont l'*ordre* libérateur ne peut sortir que du *désordre*, de *tous les désordres*, économiques et politiques, *bourgeois*.

Notre plus puissant allié, dans la lutte à laquelle nous sommes condamnés contre la société actuelle, c'est la concurrence qui en met aux prises les divers éléments, et qui en aboutissant à un nombre de vaincus de plus en plus considérables et à un chiffre de vainqueurs de plus en plus restreints, recrute sans cesse l'armée des mécontents et leur assure la victoire.

Par cela seul qu'ils restreignent et que, généralisés, ils supprimeraient cette concurrence féconde, les services publics devaient être attaqués de front par le Parti ouvrier.

C'est ce qu'il a fait au Hâvre et à Roanne, lorsque dans ces deux congrès, loin de pousser à la constitution de nouveaux services publics, il a donné pour but immédiat à la France prolétarienne la suppression des services publics existants, dans son article ainsi conçu :

« Exploitation des ateliers de l'Etat confiée aux ouvriers qui y travaillent. »

Au lieu d'armer l'Etat — qui est, répétons-le, l'ennemi, le premier ennemi, entre les mains de la bourgeoisie, — ce qu'il faut, c'est le désarmer.

Que les Bismarck de l'Empire allemand, que les Schæffle de l'Empire Austro-Hongrois, que les Raynal de la République bourgeoise s'efforcent, au contraire, de multiplier ce qu'ils appellent les services publics; ils sont dans leur rôle. Comme sont dans leur rôle les meneurs possibilistes qui, dans le mouvement socialiste à exploiter n'ont jamais vu qu'un moyen détourné de s'imposer à la bourgeoisie et de se faire faire une place au pouvoir; mais le Parti ouvrier, lui, c'est-à-dire la partie consciente de notre prolétariat, restera fidèle à son mot d'ordre:

La Révolution d'abord, c'est-à-dire l'expropriation politique et économique de la classe capitaliste, Les services publics après, parce qu'après seulement la fusion des classes en une seule — celle des producteurs, — des services véritablement publics seront possibles.

Prison de Pélagie, — Octobre 1883.

Bordeaux. — Imp. E. FORASTIÉ, F. ARNAUD & Cie, successeurs, rue Arnaud-Miqueu, 3.

www.ingramcontent.com/pod-product-compliance
Ingram Content Group UK Ltd.
Pitfield, Milton Keynes, MK11 3LW, UK
UKHW020442220726
13923UKWH00005B/2280